SABEDORIA DAS YABÁS

Claudia Souto e Paulo Augusto

Copyright © 2022 Editora Rochaverá Ltda. para a presente edição.

Todos os direitos reservados para a editora Rochaverá Ltda. Nenhuma parte desta edição pode ser utilizada ou reproduzida por qualquer método ou processo sem a expressa autorização da editora.

Título
SABEDORIA DAS YABAS
Autores:
Claudia Souto / Paulo Augusto Cardoso

Revisão: Ileizi Jakobovski

Capa: Fábio Galasso

Edição e Diagramação: Fábio Galasso

Internacional Standard Book Number
ISBN: 978-65-00-41217-8 / 64 páginas

Editora Rochaverá
Rua Manoel Dias do Campo, 224 – Vila Santa Maria – São Paulo – SP
CEP: 02564-010
Tel.: (11) 3426-5585
www.editorarochavera.com.br

INTRODUÇÃO

Caro leitor,

A idéia principal deste livro é que ele possa servir de instrumento para aqueles que buscam uma reflexão a cerca do campo divino e espiritual através dos Orixás que nos guiam e nos protegem com seus sagrados mantos espirituais.

A proposta é trazer a vocês aquilo que buscamos e compreendemos ao longo dos anos dedicados ao trabalho sagrado, utilizando como fonte espiritual a ternura e a sabedoria que estas divindades carregam, de maneira que à reflexão destes conhecimentos possam ser tão profundos, tal qual um colo materno.

A religião busca ao longo dos anos nos mostrar à luz da espiritualidade para idéias mais humanas e sábias sobre quem somos e quais as nossas missões como seres humanos. As Yabás carregam a missão espiritual de serem o alento, o conforto e a paz para nos levar sabedoria e tranqüilidade em nossos caminhos.

Esta obra está dividida em duas partes, onde a primeira parte trata de assuntos mais profundos para o entendimento espiritual em relação as fontes de energias divinas, aos quais os Orixás atuam e a segunda parte sobre a sabedoria das Yabás.

Desejamos que todo este trabalho seja uma mais-valia para todos os que se servirem dele, pois o conhecimento espiritual é essencial na vida de todos aqueles que busquem crescer e evoluir através dos espíritos.

Os autores:
A Bíblia Real

Sabedoria das Yabás | 6 | A Bíblia Real ESPÍRITA

"**Nanã**, Senhora das fontes,
Dai-nos o fruto da renovação do espírito.

Iemanjá, Senhora do mar,
Dai-nos a purificação da alma.

Oxum, Senhora das águas,
Dai-nos o amor divino.

Iansã, Senhora dos ventos,
Dai-nos a capacidade de voar por entre
os diversos mundos."

O MITO DOS ORIXÁS E A ESTRUTURA SIMBÓLICA

Antes de falamos sobre essas Senhoras Orixás e o poder que elas carregam, vamos falar um pouco sobre os Orixás e a estrutura simbólica que eles possuem como forma de introdução para melhor entendimento sobre tudo.

Quando falamos em Orixás, estamos nos referindo às fontes de energia direta entre Deus e o campo terreno. Embora o conhecimento em relação aos Orixás tenha sido trazido da África devido ao sincretismo religioso, os Orixás são a manifestação de Deus em terra.

Na tradição Iorubá o "Criador Supremo" recebe o nome de Olorum que quer dizer entre os vários significados "Deus supremo e inacessível", "aquele que se encontra acima dos Orixás". Portanto Olorum se refere ao mesmo Deus supremo Criador do mundo aos quais outras tradições religiosas se prostram e veneram, porém com nomes diferentes conforme a linguá-mater, dialeto ou tradução das sagradas escrituras de acordo com o entendimento de cada civilização ou sociedade.

Quando contamos a história dos Orixás, reconhecemos as características ancestrais e históricas daqueles que representam Deus à partir de suas próprias biografias.

As histórias dos Orixás estão carregadas de mitologias justamente para nos contar a história de um povo em relação às suas crenças e aos caminhos espirituais de uma sociedade ou um povo conforme aquilo que os direcionam a Deus à partir dos significado divinos encontrados em terra. Isso porque cada Orixá significa ou carrega um atributo do Deus supremo que os regem, então cada um deles significa algo de Deus nascendo, ganhando vida, crescendo cuidando e guiando os homens pelo poder da manifestação real do sagrado entre nós.

Mais o que é um mito?

Mais do que uma forma de explicar algo que não se tenha provas históricas, "muito embora existam vestígios destas divindades em terra, não exatamente das histórias que chegam até os povos", o mito é uma projeção para que o homem possa fazer um processo de alto-conhecimento de si, de seus valores, sua ética, sua moral ou suas condutas através de uma estrutura macro, ou seja, olhando pra fora de si e formando uma estrutura micro com sua própria compreensão, ou trazendo pra dentro de si.

Então o mito é uma estrutura totalmente simbólica que nos auxilia trazer uma compreensão de uma sociedade e até mesmo de um grupo para que este enxergue a vida através de uma ótica social/cultural ou religiosa para adquirir ensinamentos e progresso pessoal. Por isso, ele é um símbolo que te faz dialogar consigo mesmo e com a sociedade para que possamos compreender a vida externa em buscar evolução os tendo como exemplos a serem seguidos e vividos.

Trazendo o conceito de mito e seus simbolismos para dentro da religião iremos encontrar diversas fontes de entendimento estruturadas em mitos e simbolismos. Isso porque a linguagem do sagrado é sem dúvida constituída de símbolos altamente santificados, e uma vez que não temos condições de adentrar nesses diversos campos "Reais e Sagrados" para vermos exatamente como são e como atuam os Santos ou os Orixás diante de Deus, (pois somos encarnados cheios de limitações orgânicas), estes mesmo Santos nos permitem e nos concedem a honra de conhecermos e atuarmos com essas energias que estão diretamente ligadas com o sagrado através de espíritos que encarnam com a missão de nos mostrarem estes atributos divinos aos quais os Santos ou Orixás possuem.

Por isso, nas diversas partes do mundo nascem homens e mulheres determinados e ordenados a batalharem e lutarem por seus povos e suas crenças, com objetivos sagrados de nos mostrarem o quão poderosa é uma fonte de "energia direta" atuando em terra quando está regida e ordenada pelo sagrado.

E muitos destes homens e mulheres que atuaram e ainda atuam em nome de algo verdadeiramente sagrado, se tornaram representantes divinos e espirituais em terra. Não por terem levantado bandeiras de nenhuma religião, mas por terem atuado em nome do sagrado que os regem. Então posteriormente foram reconhecidos como seres carregados de algo também sagrados e iluminado.

E estes são aqueles que reconhecemos como Santos ou Orixás, seres que trabalham em nome de seus povos e suas verdades para servirem de exemplos divinos a serem seguidos pelos povos e para as próximas gerações de povos que atuam em nome deste mesmo sagrado, uma vez que jamais poderíamos alcançar a evolução da alma ou a plenitude divina se não tivermos exemplos do que é a plenitude divina.

Portanto, os Orixás são ainda mais presentes em nossas vidas do que poderíamos imaginar, pois os caminhos de evolução aos quais tanto falamos estão diante de nossos altares emanando e jorrando os atributos de Deus que tanto falamos mas, pouco compreendemos.

Quando falamos em leis, justiça, frutos para a vida, saúde, vida e morte ou continuidade, paz e sabedoria estamos falando daquilo que Deus permitiu que estes seres, que nós chamamos de Orixás nos mostrassem atraves de suas próprias passagens em terra ou carregassem e manifestassem (ainda manifestam) em nome Deles como prova real e divina de que Ele existe e rege todos nós.

Porque mesmo que não possamos ver o Criador Supremo, ele existe naqueles que se manifestam e jorram as energias divinas em terra, e estas energias santificadas podemos sentir na presença dos Orixás, quando incorporam em seus mediuns e se manifestam em terra, porque as fontes de energias que manipulam se manifestam nessa hora.

Mas o "sagrado" ou os "espíritos que representam o sagrado", são espíritos altamente evoluídos, mesmo assim, não nos cobram instrumentos ou elementos que sejam iguais aos que existem em campo celestial, porque não existe em solo terreno nada que seja espiritualmente tão santificado ou sagrado quanto próprio sagrado.

Portanto é através do "simbolismo" que o sagrado se manifesta em campo terreno, então eles nos permitem utilizarmos formas, cores, instrumentos e elementos que se assemelhem ou remontem o mais próximo possível daquilo que seriam os elementos, formas e cores verdadeiramente existentes em campo astral.

Por isso a importância de sacralização de cada instrumento que será utilizado no sagrado dentro e fora do templo.

Como o mito atua dentro da Religião?

O mito em sua estrutura etimológica quer nos dizer como algo nasceu, ou como veio à vida. Ele nos propõe compreendermos quais os caminhos que utilizou para chegar até nós, e o que ele quer nos explicar com as histórias que são passadas de gerações em gerações. Por isso o mito dentro da religião quer nos mostrar de uma maneira simbólica como os Orixás nasceram e ganharam vida para nos mostrar algo muito maior que é quem os criou e o porquê!?

Então ele trata também de como e quando a consciência divina e sagrada nasceu. Por isso, às lendas míticas carregam uma visão metafísica da vida dos Orixás e uma "quase" resposta para as coisas que não sabemos explicar, mas ainda assim sabemos que servem com instrumento que nos iluminam para uma consciência divina mais elevada.

Não pelas histórias das lendas, pois se fôssemos observar, muitas delas não tem nada de sagrado, mas se observarmos do ponto de vista simbólico, iremos entender que elas tem aquilo que é proporcional ao entendimento do grupo regional de onde as lendas se originaram como forma de explicar as diversas fontes de luz ou atributos que Deus ou o sagrado possui.

Nós, espíritos encarnados estamos no plano material buscando a subida até o plano do divino, nossa procura é nos encontrarmos com o sagrado que traz até a terra diversos símbolos e significados Dele para que possamos conhecê-los ainda que de maneira simbólica. Caso contrário, como seguiríamos e o amaríamos se acaso não conhecêssemos nada sobre seus atributos.

E ainda que não conheçamos Deus, podemos saber sobre suas características sagradas observando sua beleza através de Oxum, Iemanjá, Nana, Iansã, Obaluaê, Xangô, Oxóssi, Oxalá entre outros representantes divinos em terra, porque cada um deles carregam algo de divino dentro de si e fazem derramar sobre o chão da terra misericordiosamente iluminada para nos receber com todo amor e caridade celestial.

Pois tudo o que foi criado, foi para nos presentear imensamente com o que há de mais majestoso e belo símbolo divino que são as matas, as cachoeiras, as folhas, as flores, os rios, os frutos, as árvores, as montanhas, os ventos, os cantos dos pássaros, as chuvas, os raios, as crianças nascendo, se desenvolvendo e os velhos deixando esse campo sagrado mais cheios de sabedoria do que quando adentraram. Porque nisso está à beleza dos Orixás, preparar a vida e deixar que as vidas sejam vividas conforme o que nasceram para viver.

Então, não tem como dizer que não conhecemos Deus através da Umbanda, porque suas diversas faces estão espalhadas pelo campo terra, e é através da mãe natureza que fazemos nosso encontro mais perfeito com o divino.

Embora tudo seja simbólico tudo é também divino, real e verdadeiro, porque quando nos encontramos com o divino através da natureza, ou seja, quando conseguimos olhar as coisas belas e puras da terra, é o momento de nosso encontro maior com Deus.

E para termos esse encontro se faz necessário um encontro com o Eu pessoal também porque é preciso olhar as formas e cores de maneira mais elevada, e não apenas ver coisas que nascem do chão, mas ver as coisas sagradas que foram criadas pelo consciente divino e estas coisas também nascem do chão.

Então quando falamos da Umbanda estamos falando sobre isso, olhar para o sagrado com a ajuda destes "entes" que ele mesmo coloca em nossos caminhos para que possam nos auxiliar nesse encontro de consciências.

Deus é muito grande, é muito alto e não temos capacidade de evolução, discernimento ou consciência para subir patamares tão altos e encontrá-lo sem a ajuda de mestres e mentores, mas Deus é onipotente também, e sabendo das nossas dificuldades criou diversas formas de fazer com que conseguíssemos adentrar as essências espirituais mais nobres e puras para que subamos na escala de consciência de nossas próprias consciências através dos Espíritos que o servem.

Então quando falamos em Orixás ou Santos estamos falando de fontes espirituais de consciência elevadíssimas para nos auxiliar nesse encontro com o sagrado com o divino.

Porque sagrado não é apenas aquilo que sacralizamos em terra e entregamos as forças ocultas para que sirvam de ponto espiritual entre nós e Deus, sagrado é tudo aquilo que nos direciona e nos coloca nos caminhos divinos para nossa própria evolução.

SAGRADO COMO SENTIDO DE VIDA

> "O sagrado nos permite nos unirmos a ele, e nos unirmos ao sagrado significa desejar retirar a sua própria vida da banalização e dar sentido a sua existência".

O sagrado tem a missão de dar sentido às nossas vidas, nos permitindo sermos nós mesmo em busca de evolução e do crescimento individual à partir daquilo que ele nos oferece que é o campo terreno, com suas diversas formas de fontes de sabedoria.

O sagrado não nos obriga a nada, somos nós quem o procuramos e tentamos descobrir formas e maneiras de nos comunicarmos e adentrarmos a esse imenso campo de luz e magia. E mesmo aqueles que não crêem em uma imagem sagrada ou não sigam uma religião, sabem de sua existência, pois para negar é preciso saber que Ele existe.

Alguns médiuns quando descobrem que podem "manipular" certas fontes de magia, acabam em sua maioria, sendo seduzidos pelo "pseudo poder" que possuem e a utilizando de maneira banal, quebrando então, aquela fonte de ligação capaz de adentrar aos portais sagrados de luz. Isso porque muitos se esquecem que para manipular qualquer que seja a fonte de energia do sagrado, além de elementos sacralizados e instrumentos corretos, precisam da entrega espiritual, e esta entrega se chama humildade, porque a humildade é uma das chaves que manipulam toda e qualquer fonte divina.

E quando quebrada sua ligação com o divino, porque não basta ter os instrumentos certos, para abrirem-se as portas dos portais dos céus é preciso ter conexão espiritual através da chave humildade. Mas esta somente se consegue partir de uma fonte que jorra muito pura e sutil. Por isso, muitos ainda falam em nome do sagrado, mas caminham bem distante dele.

O sagrado é aquilo que é representado não apenas através de ritos, elementos, e instrumentos "sagrados", mas o que de fato está sacralizado e representa ou manifesta o divino, não pelos segredos e mistérios, porque estes não pertencem a nenhum ser encarnado em terra, mas em valores, ética, moral, verdade e humildade para com os Santos.

CONSCIÊNCIA ESPIRITUAL

Valores e virtudes do sagrado

Servir aos Orixás é caminhar em direção a uma lei que se obedece por desejo e vontade de progresso pessoal e espiritual, pelo desejo íntimo de aprender os valores e as virtudes aos quais eles possuem.

Então ser médium não é servir as minhas vontades ou interesses com a intenção de ser agraciado posteriormente, os tornando meros objetos "sagrados utilitários" para satisfazer as minhas vontades. Mas sim servir as leis que regem aquilo que chamamos de leis divinas.

E nisso nos realizamos em prestar a caridade diante de algo tão próximo do divino, algo que corresponde à manifestação do próprio Criador em terra, e isso por si só, nos torna grandes diante da crença e da fé nas divindades.

Não podemos nos esquecer que todos nós viemos para o campo terreno para o cumprimento de uma missão, e essa missão é nos tornarmos seres mais evoluídos do que quando entramos nessa terra. Mas se não tenho consciência de quem sou, e meu processo evolutivo espiritual, não terei consciência de quem são os Orixás, e qual a missão deles comigo.

Então se não sei o que eles manifestam e porque manifestam em terra através de suas fontes espirituais, vou servi-los para que?

É certo que para crescermos na vida cotidiana precisamos de mestres e professores que nos sirvam de exemplos para seguirmos direções onde teremos a possibilidade de cometermos menos erros e dores.

Na vida espiritual é a mesma coisa, para evoluir nossas almas precisamos de mestres e professores com valores espirituais para servir de exemplos a serem seguidos.

Por isso, quando falo que nossas buscas são buscas de valores, virtudes, sabedoria, conhecimento e tudo mais que seja capaz de nos elevar, estou me referindo aos exemplos espirituais que o sagrado nos mostra através de suas divindades.

E embora estejamos vivendo uma experiência humana de busca pelo progresso evolutivo da alma, aonde cada um vem para viver uma experiência diferente, temos o mesmo objetivo final, que é a evolução do espírito.

E nossos mestres e professores sobre as lições da vida são os Orixás, os Guias, os Guardiões e os Espíritos de Luz, pois são eles quem nos ensinam a viver e a conhecermos a nós mesmos através das lições que a vida coloca diante de nossos olhos.

Para isso é necessário que não nos esqueçamos nunca quem somos, porque aquilo que somos é a nossa própria identidade espiritual se utilizando de um veículo chamado corpo físico para possibilitar essa experiência humana.

E essa experiência humana nos proporcionará nos encontrarmos com a luz divina dentro de nós.

Porque falo que já existe dentro de nós? Porque jamais poderíamos nos encontrar com aquilo que seja desconhecido de nosso próprio espírito, por isso os mestres que nos guiam, caminham conosco para que possamos os reconhecermos como seres de luz em nossa caminhada de evolução espiritual.

Mas será que está claro para todos nós o que significa essa relação sagrada e espiritual? Será que está claro do ponto de vista sagrado o que os Espíritos esperam de nós e como devemos nos comportar diante dessa imensa escola de espíritos, chamada campo terreno?

Talvez nossa maior dificuldade em entendermos que somos aprendizes de Deus e que nossos mestres e professores são os Orixás, os Guias, os Guardiões e os Espíritos de Luz, está no fato da proximidade que por muitas vezes nos deixam a impressão de familiaridade com aqueles que simbolizam o sagrado.

E assim como nos conta à história sagrada, que foi preciso que de três reis magos seguissem e se guiassem através de uma estrela para chegarem até o menino Jesus, embora não saibamos exatamente o que representa essa estrela, e o que os levou a seguirem. Nós igualmente nos curvamos diante da grandeza destes mestres de luz que também nos guiam para que possamos nos encontrarmos com algo mais elevado.

Não por nossas capacidades humanas de discernimento sobre o que é sagrado ou não, porque é naturalmente difícil amar, confiar e nos sentirmos seguros em alguém ou algo que não conhecemos face a face. Mas por nossa capacidade espiritual de ouvirmos, confiarmos e nos sentirmos seguros diante de algo divino que tem o poder de nos conduzir aos braços eternos do Pai celestial.

E essa capacidade espiritual muitas vezes chamada por nós de sexto sentido se refere ao nosso próprio espírito atendendo ao chamado do campo astral para que possamos seguir em direção a ele.

O QUE BUSCAMOS?

Quais os caminhos de volta?

Alguma vez você já se perguntou o porquê de ser um espírita ou o porquê de seguir a doutrina Umbandista ou de matriz? Quais são os fatores motivadores para que você continue a professar a sua fé em Deus através dos Orixás e seus rituais?

Falamos em doutrina e disciplina religiosa, mas o que vem a ser uma doutrina lastreada em disciplina sagrada?

Nós médiuns buscamos a obediência espiritual como caminho que irá nos levar de volta para as nossas moradas eternas de onde um dia partimos.

É certo que para virmos cumprir missão em terra tivemos que sair de algum lugar espiritual, mas onde fica este lugar? O que precisamos fazer para voltarmos para este lugar espiritual? E quais caminhos devemos caminhar para voltarmos? E o mais importante, quais são as condições para esse regresso espiritual?

É certo que este lugar sagrado e divino não se encontra em nenhuma tribo perdida no continente africano, e não é para a África que os Orixás querem nos levar em regresso espiritual.

Certamente existe um lugar celestial com inúmeros irmãos de luz e sabedoria aguardando a nossa volta. E ainda que não os conheçamos, não sabemos qual língua eles falam ou como vivem, a intenção deles é que regressemos com amor e sabedoria, pois é este o objetivo de nossas missões.

E quem poderia saber a direção ou as estradas deste caminho que um dia teremos que seguir de volta a não ser Aqueles que estão do lado de lá e ao mesmo tempo do lado de cá? E estes justamente para nos guiarmos e nos auxiliarmos em nossas jornadas são chamados por nós de Orixás,

E é justamente para o reino de um Orixá que regressaremos ao final da jornada de terra (A Bíblia Espírita / A Bíblia Real, editora Vida de Bravos/Editora Rochaverá, 2018).

E não por acaso somos considerados "filhos", porque pais são aqueles que possuem ordem divina de guiar, ensinar e conduzir, e assim Eles fazem por nós, seus filhos. Porque filhos são aqueles que devem ser guiados, mas não por qualquer outro, mas por aqueles que estão em grau espiritual mais evoluído e que já conheçam os caminhos a serem trilhados.

Quando falamos em Orixás, falamos em seres de Luz, espiritualmente evoluídos e dotados de virtudes, valores, sabedoria, amor, dentre outras qualidades e que recebem a ordem de nos conduzir novamente para o outro lado da vida.

PAI, MÃE E FILHO ESPIRITUAL

> "A missão de Pai e Mãe mais do que um corpo físico é nos dar caminhos para voltarmos a vida real, ao espírito"

Mais o que é ser um filho de um Orixá? O que é ser filho de uma divindade ao qual a missão é uma das mais sagradas que podem existir que é nos conduzir de volta para nossas casas espirituais?

Quando falo em conduzir, não me refiro aos rituais, mas sim aos ensinamentos que a vida nos trás e eles tem por missão nos auxiliar para que possamos atravessar cada dificuldade, cada etapa e cada desafio para crescermos em espírito. Pois somente estando grandes é que conseguiremos encontrar os caminhos de volta.

Quando falamos em um pai ou uma mãe, essencialmente estamos falando de um filho, e quando falamos de um filho, essencialmente estamos falando Daqueles que geram um espírito não em corpo físico, mas em consciência espiritual.

A palavra filho tem vários significados, geralmente filhos são aqueles que nascem após uma mulher dar à luz, porém existem várias maneiras de se dar a luz.

Dar a luz não necessariamente é preciso gerar um filho fisicamente, dar a luz também está no ato de ensinar, encaminhar e conduzir outro ser ao despertar da sua própria luz interior.

Então esta seria a diferença de uma mãe carnal e uma mãe espiritual? Não exatamente. Geralmente o entendimento em relação aos filhos carnais é de que filhos são aqueles que nascem de um corpo físico, que fez gerar outro corpo físico após dar a luz. Porém essa luz não está apenas no ato de trazer um ser à luz da terra, ele pode estar no ato de encaminhar um ser à luz espiritual também.

Quando um ser com maior discernimento, sabedoria e visão sobre a vida, auxilia alguém a despertar para uma consciência mais elevada sobre ele mesmo ou quando auxilia outro encarnado a crescer em seu caráter, sua moral lhe mostrando atributos especiais e espirituais, este ser, está lhe mostrando os caminhos essenciais para lhe tornar um "ser mais humano". E este ato é considerado pelo mundo espiritual como um ato de "dar à luz da sabedoria" a outro ser. Ou seja, retirar do patamar das pequenezas pessoais e colocá-lo diante da luz, da sabedoria em relação à vida dele mesmo.

Quando alguém se "inicia" em um grau ou cargo espiritual mais elevado dentro de uma assembléia ou congregação de qualquer que seja a denominação religiosa, isso também é vir à luz ou ser iluminado pela luz de algo divino, uma vez que essa pessoa não conquista seu cargo ou posto sem nenhum esforço ou caminho. Houve um período de aprendizado, descoberta, luta, e busca pela evolução junto ao mundo espiritual e aos espíritos mais evoluídos do que ele.

E para que ele possa receber essa luz de sabedoria que o torna legítimo em algum cargo ou função, se faz necessário outro ser para lhe qualificar e lhe dar essa luz.

Isso quer dizer que ele nasceu para um patamar mais evoluído em relação ao que se encontrava. Quer dizer que ganhou algo que tenha luz sobre sua cabeça.

E somente um ente qualificado e detentor de algo que possua luz, poderia conceder a outrem uma parcela de sua própria luz.

Dentro da Umbanda, por exemplo, quando queremos falar sobre um espírito mais evoluído ou altivo como, por exemplo, os Orixás ou os Guias, ou seja, unidades espirituais que vivem sobre regência direta da luz divina e possui uma consciência bem maior que as nossas, nos referimos a eles como pais, uma vez que eles possuem a ordem divina de conceder para outros espíritos nascidos em terra e em patamares menos evoluídos a possibilidade de abrirem os olhos para o que está do outro lado, de maneira que também possam evoluir seus espíritos em consciência.

Muitas vezes o ato de "tomar um passe" ou uma "consulta" com um Guia espiritual nos parece algo muito simples, quando em verdade é uma das missões mais elevadas que um espírito poderia receber.

Pois além de conduzir os "filhos" ou os homens de terra aos caminhos retos, os caminhos bons e justos, têm a missão de direcionar cada um as suas moradas verdadeiras. E estas não se encontram no continente africano, estas se encontram na evolução da consciência de cada um.

Os Orixás, bem diferente daquilo que nos mostram as mitologias, são seres de luz dotados de virtudes e valores divinos próprios em cada um, por isso mesmo existem diversos Orixás, pois os atributos de Deus são inúmeros e as necessidades dos homens de terra também são muitas e diferentes umas das outras. Porque isso, cada ser espiritual encarnado está vivendo uma experiência que irá conduzí-lo de maneira diferente a sua verdadeira morada.

E o que eles esperam de nós? Esperam aquilo que um pai espera de um filho, que possamos reconhecê-los como parte do sagrado e seguir em direção a luz que nos direcionam. Que possamos oferecer o nosso melhor para crescermos em dignidade, humildade, humanidade, sabedoria, e assim elevarmos as nossas consciências a patamares de fato mais elevados.

MÃES ESPIRITUAIS YABÁS

O que é ser mãe?

Embora a palavra mãe esteja muito esvaziada nos últimos tempos, as Yabás nos trazem a consciência pura e terna do que significa ser uma mãe.

Porque mãe não é somente aquele ser que dá a luz um filho carnal, mãe é um ser divino e iluminado que cede o próprio corpo carnal para que Deus possa trazer seus filhos em terra para cumprirem as suas missões.

Não existiria humanidade se não existissem as mulheres e seus "portais espirituais de luz" chamados de útero materno. Porque o útero materno carrega um dos maiores segredos humanos que é trazer a vida, outro ser por ordem e determinação do Criador, para que estes espíritos possam cumprir suas missões em terra.

Por isso, uma mãe, muito mais do que alguém que gera um filho, é alguém que carrega os filhos de Deus em seus próprios ventres.

E Deus de tão generoso que é, as permite os chamarem de meus filhos! Muito embora eles não as pertençam, pois tudo que pode ser tirado de você, nunca lhe pertenceu de verdade. Assim também ocorre com os filhos de Deus, aos quais as mães geram, os carregam, os ensinam, os fazem dormir, os alimentam, os ensinam sobre a vida humana. Filhos do mesmo Pai aos quais a mãe-natureza tem a permissão de igualmente gerar e alimentar por determinado tempo.

Então quando falomos dar a luz, não nos referimos a dar um corpo físico ou a outro ser humano em terra, nos referimos a dar possibilidade de que outro ser possa se encontrar com a luz espiritual e divina que existe dentro dele mesmo, isso quer dizer crescer em consciência espiritual, através da busca pessoal que ele já possui.

Crescer em consciência é também crescer em sociedade, ser um ser humano mais digno, compreensivo, amável que possua atributos espirituais e que estes atributos também possam servir de luz no fim do túnel para os outros seres que precisem também se erguer poderem se elevar com aquilo que ele ganhou do mundo espiritual, sejam beneficiados.

Então a missão da mulher, não é dar apenas uma matéria carnal, é também encaminhar este ser aos caminhos bons, ensinar sobre a vida em um contexto geral, é passar sabedoria através de atitudes, convivência, respeito, encaminhar a um caminho que dê suporte espiritual/materno pra que este espírito que está acoplado a este corpo físico encontre a luz e possa ser também luz.

Por isso nos referimos aos nossos Orixás, como pais e mães, mamãe Oxum, mamãe Iemanjá, mãe Nanã, pai Oxóssi, pai Xangô, pai Obaluaê, porque pai e mãe são aqueles que espiritualmente têm a tarefa de nos encaminhar e nos fazer evoluir para uma existência divina.

Umas das funções dos Orixás, é sim de condução espiritual através daquilo que temos que viver e passar na vida carnal para evolução do espírito.

Isso quer dizer, nos auxiliar para que possamos atravessar nossos desafios pessoais e espirituais. O que muitas vezes chamamos de sofrimento, dor e angústia, porque muitos caminhos que temos que atravessar para crescer são caminhos dolorosos.

Mas isso porque não fomos ensinados que os sofrimentos, as dores e as angústias fazem parte da vida humana. Principalmente nos dias de hoje onde se busca apenas prazeres, alegrias e satisfações momentâneas. Ai crescemos seres humanos frustrados e decepcionados com a vida acreditando que somos os maiores dos sofredores da terra.

Tem como um ser humano viver sem desafios na terra? Existe um único ser que não tenha desafios na vida, desde o mais rico ao mais pobre, teria como viver sem desafios, dores ou angústias? A resposta é não. Porque sem desafio é impossível evoluir a alma.

E os Orixás estão aqui justamente para nos darem suporte para vencermos os desafios e subirmos em existência humana e espiritual

Crescer, evoluir e nos encontrarmos com algo mais elevado nos causará muita dor e muito sofrimento.

As Yabás representam nossas mães espirituais, pois embora não nos deram o corpo físico possuem a missão de nos encaminhar aos lugares mais longínquos de nossas existências.

E muito além do corpo físico que tem um prazo de vida, o espírito é eterno, e caminha sobre a regência e cuidados delas que nos conhecem antes mesmo de nascermos nessa terra, e nos cuidarão até que cheguemos aos estágios mais elevados de nossas almas.

NATUREZA-MÃE

> "A Mãe que nos pega no colo e nos leva até o seio do divino através da paz que nos conduz, é a força que vibra em cada essência da natureza-mãe"

A natureza-mãe carrega em seu ventre terra, o poder de nos levar diretamente ao seio divino e transmutar nossas mentes a patamares maiores de nós mesmos, principalmente quando estamos deprimidos, estressados, tristes ou cansados com a vida, e buscamos um ponto de energização para nos trazer de volta a consciência de paz interior.

Observe como a natureza-mãe nos liga com tudo o que é elevado e sagrado para nos socorrer através da paz e da serenidade que ela tem.

Quando estamos cansados, estressados e tristes nossas mentes tendem buscar algo que nos transporte para o seio materno ou o conforto divino. Ter contato com a natureza divina eleva a alma e nos alivia.

O contato com o sagrado como caminhar descalço no chão, se banhar em uma cachoeira, entrar nas águas do mar, viajar para um lugar que tenha contato com a natureza como um sítio, se alimentar de frutas tiradas do pé, brincar com os animais ou pisar na grama tem o poder de nos fazer sentirmos seguros como se estivéssemos em um colo materno. Isso porque a natureza é a manifestação materna do divino em terra.

Não é por acaso que a Yabás são a representação do divino através do arquétipo feminino. Elas manifestam toda ternura, paz e amor sagrado na forma de mães, por serem o caminho maternal que nos leva até Deus.

Por isso a sensação de estarmos em contato direto com a natureza remonta dentro de nosso inconsciente a estrutura espiritual divino/maternal que, aliás, é um lugar que nosso espírito reconhece facilmente por já ter estado nesse estágio espiritual por diversas vezes antes de encarnar.

Então quando nos sentimos ameaçados, cansados e tristes,

a natureza é um lugar que nos traz novamente a paz que nosso espírito necessita como se aquele lugar fosse o próprio colo da mãe ao qual podem os bebês descansar serenamente.

E quando estamos nos braços maternos, certamente estamos nos braços eternos do sagrado e essas sensações nos faz sentirmos seguros como se estivéssemos renascidos, porque a mãe natureza tem esse poder.

Isso é ser mãe, nos envolver no colo, para que a gente possa sentir o calor na terra nos abraçando com sua ternura de "quase Deus" nos retirando das dores e das tristezas da vida.

Agora quero lhes contar algo pessoal, quando criança eu costumava deitar no chão do quintal à tarde e acreditar que as nuvens faziam desenhos para me agradar, e assim eu passava horas e horas observando os animais, as flores e as frutas que as nuvens criavam só para mim. E de fato elas faziam, porque minha mente infantil conectada com a mente divina me levava diretamente para os braços da mãe/terra, da mãe divina que não desejava desapontar sua pequena filha e lhe concedia lindos desenhos para acalmar e tranqüilizar o espírito que sofria com as dúvidas da vida humana, sem saber exatamente o que viera fazer aqui, porque estava aqui e qual seria a sua missão nessa terra.

Mãe é exatamente isso que faz, se utiliza da própria natureza espiritual para conduzir seus filhos aos caminhos divinos da paz, tranqüilizando a alma e trazendo ternura, amor e paz.

A vida adulta nos coloca diante de muitos desafios e a nossa mente busca sempre algo que possa nos tranqüilizar e nos transportar para um colo de mãe, e a natureza por si só é nossa mãe protetora, que nos conduz em espírito a um patamar mais elevado, para nos tirar todo sofrimento da alma, sem nos cobrar nada além de nossas felicidades e subidas.

Por isso, quando a nossa necessidade de nos sentirmos no útero materno onde a paz silencia os medos, as dúvidas e as incertezas, a natureza traz tranqüilidade ao espírito, e é exatamente em contato com a natureza-mãe que precisamos estar.

E as águas do mar, ás águas das cachoeiras, os pés no chão, a presença de um animal ou uma criança por perto fazem exatamente isso, elas reinam como reinam as energias femininas dentro de nós. Por isso, recomenda a religião que tenhamos contato com o que é natural de tempos em tempos como forma de descarregar a brutalidade que guardamos dentro de nós, ou seja, deixar em terra e nos nutrirmos novamente do alimento espiritual que somente uma geratriz ou mãe é capaz de nos doar.

Yaba é tudo aquilo que nos transmite paz, calma, sabedoria e tranqüilidade antes mesmo de nos conceder a vida. É a natureza que nos alimenta e nos nutre de vida através da maternidade divina, é o reino de onde as mães se encontram para nos direcionar novamente ao colo eterno do Pai.

Mas a vida é constituída de contraste entre um campo e outro, por isso, uma mãe e um pai carregam juntos os atributos necessários para nossa caminhada e evolução.

As figuras paternas e maternas dos Orixás vão além das características da ancestralidade, pois a ancestralidade nos conta sobre os mesmos atributos divinos que eles possuem.

O campo espiritual assim como o campo material é constituído de contrastes em todas as suas formas, estações, leis e regras, por exemplo, o branco e o preto, o claro e o escuro, o bem e o mau a noite e o dia, o calor e o frio; mas existe também o contrate entre os arquétipos masculino e feminino, uma vez que cada um carrega um tipo de essência, qualidade e missão conforme aquilo ao qual foram ordenado a serem e manifestarem, e é justamente a outra parte que os completam.

Yabá, representação simbólica da mãe, e é aquela que carrega o poder da continuidade da vida através do nascimento e da frutificação por força da capacidade de gerar, nutrir, alimentar as vidas, ensinar a viver e perpetuar as formas e espécies. Porque mãe é aquela que faz nascerem e brotarem as sementes que serão geradas e poderão assim, cumprirem suas missões espirituais.

Mãe é aquela que cede a própria vida para que outra vida seja possível de ser vivida, Mãe é aquela que auxilia nos caminhos, nas escolhas, nas labutas trazendo sabedoria e paz de consciência aos seus filhos.

Pai é aquele que concede o contraste em relação à mãe, é aquele que cede sua parte espiritual para que a mãe possa fazer sua função de trazer outra vida a luz do mundo. Isso quer dizer que sem pai, seria impossível caminharmos em direção a evolução porque a união das duas vertentes é o que nos permite sermos humanos e espíritos caminhantes em direção a luz.

A simbologia da figura da ancestralidade materna é aquela que irá nos dar vida, continuidade, nutrição alimentar e também sabedoria, paz, ternura, tranqüilidade. A figura simbólica paterna da ancestralidade irá nos conceder igualmente a vida e a continuidade, e também é quem simbolicamente irá nos ensinar a caçar, lutar, vencer barreiras e termos ânimo mesmo diante das dificuldades dos mais duros trabalhos. A união de ambas energias é o que nos completa e nos dá à vida.

Mas sobre as mães, não é apenas isso, uma mãe carrega uma das maiores fortalezas espirituais para defender os seus filhos, mais do que qualquer força bruta, a força e a garra que estes seres trazem é superior a qualquer potência de força que possa existir, pois ela passa do patamar físico e adentra aos patamares das portas dos céus, onde se encontram as raízes do amor verdadeiro; porque é de onde nasce o amor de uma mãe.

Mas a figura da mãe tambémesta diretamente relacionada a figua de uma leoa,

Por isso mesmo a figura de uma mãe, tão delicada e amável está diretamente associada a uma leoa, ou seja, um dos animais mais fortes e temidos da selva. Para os africanos a leoa representa a sabedoria divina, aquela que carrega ao mesmo tempo a força, o domínio, a guarra e também o cuidado a proteção para com a sua cria ou descendência.

SABEDORIA DA YABÁS

Estejam prontos para o espírito

"Há um ditado que diz: Quando o Aluno está pronto, o Professor aparece".

Isso quer dizer que os professores ou os "espíritos", chegam quando a alma, e não o ego está pronto. Pois os mestres vêm quando a alma chama, quando ela está preparada para recebê-los. E graças a Deus a alma está sempre pronta, pois o ego nunca estará perfeitamente pronto.

Porque se dependêssemos apenas do preparo do encarnado para que os mestres ou os espíritos descessem em terra, permaneceríamos essencialmente sem mestres pela vida à fora.

Por isso somos abençoados já que nossas almas continuam transmitindo seus desejos e ignorando as opiniões inconstantes do ego para que eles possam nos atender e nos ajudar.

Elas conhecem nossas necessidades

É certo que elas conhecem nossas aflições, nossas necessidades, nossos desejos e nossos anseios.

Mas é certo também, que para que elas atuem sobre nossas vidas trazendo o auxilio e a cura, se faz necessário que nos prostremos e falemos das nossas dores e desejos.

Isso porque cada unidade espiritual encarnada (o homem) é uma unidade espiritual individual qoe possui o direito de escolher os seus caminhos de terra. Ou seja, nenhum Orixá por mais altivo que seja, jamais poderá interferir, decidir ou caminhar os passos de um encarnado em sua própria missão.

Por isso, diante das necessidades de terra, ainda que os Orixás as conheçam, é preciso os permitir que atuem sobre as nossas vidas; caso contrário, eles jamais irão interferir em nossos passos.

Então quando estiver enfrentando dificuldades, seja claro e objetivo em pedir ajuda, fale sobre suas angústias e os permitam trabalhar em seus auxílio abrindo os caminhos e criando novas estradas.

A RELIGIÃO NOS ENSINA

Sabedoria através do conhecimento;
Humildade através da simplicidade;
Tolerância através da convivência;
Verdade através da realidade;
Paciência através da espera;
Bondade através dos atos;
Amor através da caridade; e
DEUS por ELE mesmo, por vossa sagrada e santa presença

És o caminho espiritual em sua forma de atuação, a maior escola espiritual ordenada e dirigida pelos Espíritos para nos ensinar sobre o Criador! Pois seu poder de ensinamento por meio da consciência, da compreensão e da sabedoria é o maior hospital carnal para todas as dores do corpo e da alma. Dores do homem causadas a ele mesmo, por ele mesmo.

Pois é nessa escola que se aprende através do convívio com vários encarnados, onde cada um tem sua própria história e sua própria dor, que as nossas dores, podem não ser tão maléficas quanto pensamos; que nossos sentimentos em relação a um irmão que tenha nos ferido e causado dores por meio das palavras e ações más, pode não ser tão destruidor quando imaginamos. Pois se alcançarmos sabedoria para compreendermos suas dores e desequilíbrios espirituais, compreenderíamos seus motivos e estes não nos afetariam mais. Assim poderíamos ajudá-los ao invés de pensarmos em nos vingarmos ou devolvermos na mesma moeda.

É importante compreender que alguém ferido poderá também ferir os outros, alguém machucado poderá machucar os outros, um ser humano destruído por dentro poderá tentar destruir os outros.

E se usarmos os Orixás e os nossos amados Guias como exemplos de consolação, poderemos observar que muitas vezes nós os maldizemos e os desqualificamos com palavras e menosprezos, pois os vemos como meros "seres utilitários" para alcançarmos nossos interesses pessoais, e não como santos e "pontífices" entre os céus e a terra. Porque independente de nossas vontades e desejos pessoais serem concretizados ou não, eles continuam sendo santos e compridores de vossas missões.

Podemos observar que muitas vezes os queremos e nos prostramos a eles por medo ou vontade de conquistas de terra e não pelo amor e devoção que temos por eles. Porém, além de serem nossos guiadores e pais eternos, são amáveis e compreensivos de nossas falhas por saberem que somos aprendizes e iniciantes da vida eterna nesse plano chamado, terra.

E que somente estando unidos uns com os outros, é que poderemos vencer as labutas da vida por meio dos motivos e verdades de cada um, então, se estivermos unidos uns com os outros, seja por meio da dor, da alegria, seja por meio da caridade, estaremos unidos pelo AMOR divino que conserta todas as coisas.

Porque no fim, tudo o que os Espíritos esperam é que sejamos unidos pelo AMOR que nos fazem irmãos.

Disse o Mestre: "Amém uns aos outros assim como eu vos amo". Não que nunca tenha se ferido ou sofrido, mas porque alcançou o poder de compreensão espiritual e divino.

Chama Deus pra perto de ti

O medo e a tristeza são as piores dores do ser humano.

Elas corroem o coração e destroem a alma as deixando em chamas.

E quanto mais longe acha que Deus está de ti, devido as suas dificuldades, mais distante ele estará de fato.

Creia em teu Deus, lhe peça a presença e ele virá lhe abençoar e retirar todas as dores e tristezas que lhe impedem de sentir o vosso único e puro amor.

Sinta o vosso amor e sinta a vossa cura lhe tocar a alma e o corpo enfermo.

Chame Deus para perto de ti, e perto de ti ele estará.

Pois não há nada mais forte e mais poderoso do que o amor de Deus para nos curar.

Foi Ele quem nos deu a vida, e será Ele que acalmará todas as tempestades que passam existir dentro dela.

Como vencer as tempestades

Não pense em vida fechada,
Pense em momentos de desafio e provação. Você é um filho de Deus é Ele é maior do que qualquer dificuldade que possa existir.

Muitas vezes nos iludimos e acreditamos apenas no que os olhos querem ver e esquecemos do principal, a alma, o espírito.

Então lhe digo, não é preciso fazer grandes "arriadas" e ofertar grandes coisas, sendo que na mesa lhe falta o pão. Não adianta ofertar um boi ou um animal que seja, se o que o seu Orixá queria era a sua crença a sua fé.

Ponha Deus em sua vida, peça aos Espíritos, poder de visão, discernimento, sabedoria pra enfrentar as tempestades e caminhos para lhe calçar os pés nestes longos dias.... assim se sentirá dona de sua vida e verá sua vida se transformar.

Portanto creia em Você! Creia na força interior que possui! Creia nos Espíritos que lhe acompanham, entregue sua vida a eles. Somente a eles, e se tornará parte daquilo que deseja pra si mesma.

Não se iluda com promessas, pois a maior promessa encontra-se dentro de ti. Então! Vá buscar! Vá a luta! Não se lamente pelos cantos! Diga a Deus que é forte, que se lhe der visão, ferramentas e coragem você irá vencer.

E vencerá está tempestade.

Que Oxalá a abençoe eternamente.

Claudia Souto – Médium e Escritora
Paulo Augusto Cardoso – Babalaô e Escritor

Comunidade Espírita de Umbanda Caboclo Ubirajara.

A BÍBLIA REAL
ESPÍRITA

CONHEÇA A BÍBLIA REAL, A PRIMEIRA BÍBLIA ESPÍRITA DO MUNDO

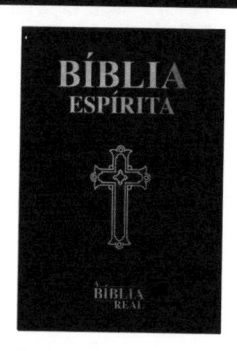

Comunidade Espírita de Umbanda Coboclo Ubirajara

Rua Doutor Almeida Nobre, 96
Vila Celeste - São Paulo - SP
CEP: 02543-150

- www.abibliaespirita.com.br
- @abiblia.espirita
- A Bíblia Espírita
- A Bíblia Real / Bíblia Espírita
- faceboook.com/cabocloubirajaraoficial/
- faceboook.com/exuecaminho
- faceboook.com/babalaopaipaulo
- faceboook.com/claudiasoutoescritora
- contato@editorarochavera.com.br

Editora Rochaverá

Rua Manoel Dias do Campo, 224 – Vila Santa Maria – São Paulo – SP - CEP: 02564-010
Tel.: (11) 3951-0458
WhatsApp: (11) 98065-2263

EDITORA ROCHAVERÁ